AF339830

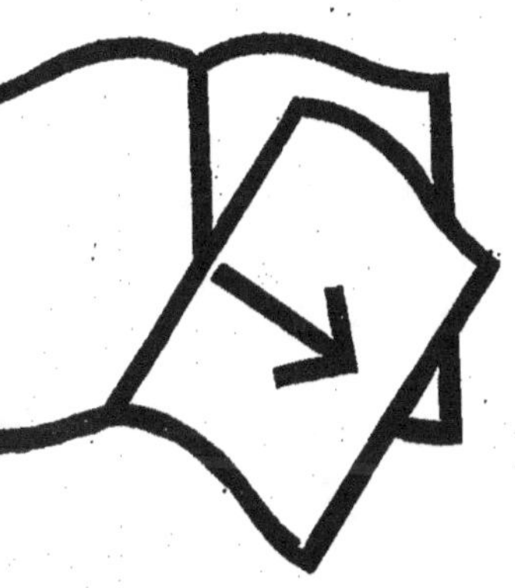

Couverture inférieure manquante

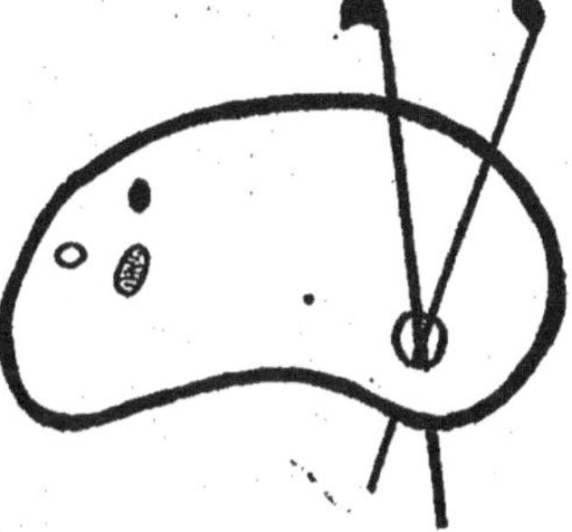

ORIGINAL EN COULEUR
NF Z 43-120-8

ne pas roque

CONGRÈS MARIAL DE LYON

5, 6, 7, 8 septembre 1900

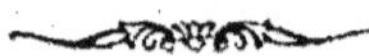

NOTRE-DAME DE LORETTE

EN BERRY

MÉMOIRE LU DANS LA SÉANCE DU 7 SEPTEMBRE

PAR

L'Abbé E. DUROISEL

Curé-Doyen de Sancoins

Chapelain d'honneur de Notre-Dame de Lorette, Camérier de Sa Sainteté

ORLÉANS

IMPRIMERIE PAUL PIGELET

8, RUE SAINT-ÉTIENNE, 8

1902

NOTRE-DAME DE LORETTE

BIBLIOTHÈQUE NATIONALE
R. F.
IMPRIMÉS.

EN BERRY

LK²
4856

CONGRÈS MARIAL DE LYON

5, 6, 7, 8 septembre 1900

NOTRE-DAME DE LORETTE

EN BERRY

MÉMOIRE LU DANS LA SÉANCE DU 7 SEPTEMBRE

PAR

L'Abbé E. DUROISEL

Curé-Doyen de Sancoins
Chapelain d'honneur de Notre-Dame de Lorette, Camérier de Sa Sainteté

ORLÉANS
IMPRIMERIE PAUL PIGELET
8, RUE SAINT-ÉTIENNE, 8

1902

NOTRE-DAME DE LORETTE

EN BERRY

———

Le culte de Notre-Dame de Lorette a eu en France son époque de religieuse popularité. On en retrouve partout des traces nombreuses... Il est florissant encore en mainte église... aime à le proclamer dans ce Congrès assemblé en l'honneur de la Vierge « dont la demeure consacrée par l'Incarnation du Verbe a été miraculeusement conservée à l'Eglise de Dieu (1) »... dans cette ville de Lyon, qui, malgré son amour pour la Vierge de Fourvière, n'hésita pas à associer à son nom celui de Notre-Dame de Lorette... Lyon, cela sera proclamé par des voix plus savantes et plus éloquentes que la mienne, offrit, dans des jours douloureux, ses vœux à la Vierge de la *Santa Casa*, et érigea en son honneur une confrérie qui demeura riche et populaire jusqu'à la Révolution (2)...

(1) Oraison de la Messe de la Fête de la Translation de la Sainte-Maison, 10 décembre. Au Bréviaire : *Pro aliquibus locis.*

(2) *Compte rendu du congrès Marial de Lyon :* Lyon et Marie, par le Chanoine Vanel, Tome I, 331.

Mais ce rapport n'a pour objet que le culte de Notre-Dame de Lorette en Berry... (1).

Il semble que la multiplicité de nos sanctuaires locaux dédiés à Marie sous des noms divers, et à la suite de faits que nos traditions nous présentent comme miraculeux, eût dû être un obstacle à l'introduction parmi nous d'une dévotion nouvelle venue d'Italie... Il n'en fut rien... De nombreuses chapelles furent édifiées à la gloire de Notre-Dame de Lorette, et sa statue érigée en mainte église... Si, malgré la piété séculaire de nos pères envers nos Vierges berrichonnes, le culte de Notre-Dame de Lorette put devenir populaire en Berry, il n'y a pas lieu de croire qu'il le fut moins dans les autres diocèses. . Dès lors, l'église de Bourges peut être présentée comme l'image fidèle de ce qui se pratiquait dans la France entière, où, déjà, tant de sanctuaires où était honorée Notre-Dame de Lorette m'ont été signalés.

Si ce rapport pouvait donner à d'autres chercheurs la pensée de faire pour les différents diocèses ce que j'ai tenté pour celui de Bourges, il atteindrait son but, et l'histoire du culte de Notre-Dame de Lorette en France serait faite.

Deux cents historiens, parmi lesquels, de nos jours, le savant cardinal Bartolini, ont donné les preuves du miracle de la Translation... Tous les Souverains Pontifes, depuis Célestin V, ont rivalisé de piété et de munificence en faveur de la *Santa Casa* ; ils ont ouvert tout grands les trésors temporels et les trésors spirituels de l'Église, afin de faire de la basilique de Lorette un sanctuaire unique au monde ; ils ont écrit sur ses murs de leur doigt infaillible : *Hic verbum caro factum est...* Ils ont fait plus. Innocent XII a institué la *Fête de la Translation*. Si l'Eglise n'en a pas imposé la célébration à l'Eglise universelle, si elle en a fait une fête réservée qu'elle concède aux diocèses qui en font la demande,

____

(1) On trouvera au *Compte rendu du congrès Marial*, tome II, p. 86 à 102, une réduction de ce mémoire, réduction imposée par la publication d'aussi nombreux et importants travaux, et rédigée, du reste, par l'auteur lui-même. Il est heureux de remercier ici les membres du Comité de rédaction du Compte rendu de l'honneur fait à son mémoire.

elle n'en a pas été moins attentive à veiller avec le plus grand soin à la rédaction de cet office, où, à la fin de la sixième leçon, est relaté le miracle. Cette leçon résume les historiens de tous les siècles et de toutes les nations qui ont traité la question de Lorette; elle est l'expression de la pensée, je devrais dire de la foi de l'Eglise, sur ce grand fait.

Le Martyrologe romain en annonce la fête, au 10 décembre, en ces termes : « *A Lorette, dans la marche d'Ancône, la* TRANSLATION DE LA SAINTE MAISON *de la glorieuse Vierge Marie, mère de Dieu,* DANS LAQUELLE LE VERBE S'EST FAIT CHAIR, 1294. »

Voici la leçon du bréviaire dont il vient d'être parlé : « La maison natale de cette vierge elle-même, consacrée par les mystères de Dieu, arrachée par le ministère des anges à la puissance des infidèles, fut transportée d'abord en Dalmatie (à Tersatz, en 1292), et puis (10 décembre 1294) sur le territoire de Lorette, dans la province des Marches, sous le pontificat de Célestin V. C'est dans cette même maison que le Verbe s'est fait chair et a habité parmi nous, ainsi que le prouvent et les diplômes des Souverains Pontifes, et l'éclatante vénération de l'univers entier, et la puissance surnaturelle qui ne cesse de s'y manifester par des miracles et par l'effusion de tous les bienfaits du Ciel. C'est pourquoi, afin de raviver dans le cœur des fidèles le zèle pour le culte de cette mère si aimante, Innocent XII a ordonné que la fête anniversaire de la Translation de cette sainte maison, déjà célébrée dans la province des Marches, aurait à l'avenir son office propre et sa messe particulière. »

Nous ne discutons pas le fait lui-même que l'on peut étudier dans les auteurs (1). On est libre de ne pas l'accepter,

(1) On peut lire en particulier : *La maison de Lorette, preuves authentiques,* par J.-B. VUILLAUME. Rome, 1884; — *Nazareth et Lorette,* CHANOINE MILLOCHAU, Paris, 1865; — *Histoire critique et religieuse de Notre-Dame de Lorette,* R. P. A. CAILLAU, Paris, 1843; — *Lorette, le nouveau Nazareth,* par GUILLAUME GARRATT, Lille, 1893; — CARDINAL BARTOLINI : *Sopra la Santa-Casa di Loreto,* Rome 1861. « Quand on lit sans préven-

puisqu'il ne fait pas partie des vérités de foi catholique. Il n'en est pas moins vrai que la *Santa Casa*, comme on l'appela dès le commencement, devint rapidement populaire, et attira à Lorette, de tous les pays d'Europe et du monde, des foules considérables de pèlerins, avides de vénérer les murs témoins de l'Incarnation, et d'admirer les merveilles d'architecture et de sculpture de la double châsse, dont les papes du XVe et du XVIe siècle ont entouré la maison de Nazareth.

Il est possible que les divisions qui désolaient l'Italie, et les difficultés des voyages, n'aient pas permis aux pèlerinages français de s'organiser dès l'origine, et que la popularité du culte de Notre-Dame de Lorette, de ce côté des Alpes, en ait été d'autant retardée. Mais la France qui, après l'Italie, donne encore maintenant le plus grand nombre de pèlerins à Lorette, ne put tarder beaucoup à transplanter sur son sol même la dévotion à la Vierge laurétaine, et à lui élever des sanctuaires.

Les guerres de Charles VIII, Louis XII et François Ier en Italie accentuèrent ce pieux mouvement, et semblent marquer la date exacte de la fondation de la plupart des chapelles, et de l'érection de statues en l'honneur de Notre-Dame de Lorette. Rabelais en parlait déjà comme d'une madone populaire de son temps (1)... Erasme, dont on est tout étonné de trouver le nom ici, composa en son honneur une messe qui fut approuvée pour le diocèse de Besançon, et enrichie d'indulgences par l'archevêque, Antoine de Vergey (2). Quand, plus tard, on vit se rendre à la basilique laurétaine des hommes comme Montaigne, qui y laissa un ex-voto ; comme Descartes, qui alla, en 1624, s'y acquitter d'un vœu ; quand on vit Louis XIII, « pour remercier la Très Sainte Vierge de la naissance, après vingt-quatre ans d'une union stérile, de cet

« tions, les preuves aussi nombreuses que solides qui établissent la vé-
« rité de cette translation, dit J.-B. Glaire, dans son Dictionnaire des
« sciences ecclésiastiques, il est impossible de ne pas y croire. »

(1) *Gargantua*, ch. XXVII.

(2) Voir cette messe dans l'*Histoire critique de Lorette*, du R. P. CAILLAU, p. 353.

enfant qui devait être un jour Louis-le-Grand, envoyer à Lorette un enfant d'or du poids de vingt-quatre livres, couché sur un coussin que soutenait un ange d'argent du poids de plus de trois cents livres, et deux couronnes d'or enrichies de diamants, pour la statue de la Vierge et celle de l'Enfant Jésus (1), » alors tous les yeux se portèrent vers le célèbre sanctuaire, et l'on songea à lui donner des succursales sur la terre de France. De nouvelles églises et chapelles furent élevées en son honneur, sa statue fut placée sur des autels nouveaux ou sur ceux déjà dédiés à la Mère de Dieu. On fit alors, pour la Madone de Lorette, ce qui se fait aujourd'hui pour la Vierge si populaire de Lourdes, dont l'image se rencontre en de si nombreuses églises... Ce fut comme la seconde époque de la dévotion à la Madone de Lorette.

Les souvenirs qui subsistent du culte de Notre-Dame de Lorette en Berry présentent de l'intérêt et rappellent des faits édifiants ; je les ai recueillis avec soin et en ai fait le sujet de ce mémoire.

J'aurais voulu donner, à chacun des sanctuaires dont je vais parler, sa date de fondation et les citer suivant leur ordre chronologique. Mais cette date est souvent inconnue ou incertaine. On reconnaîtra du reste que, pour des sanctuaires indépendants les uns des autres, et nés de circonstances sans liens entre elles, un ordre relatif peut être considéré comme suffisant.

°_°°

Une confrérie importante avait son siège dans l'église du Couvent des Cordeliers de Bourges. Nous ignorons la date de sa fondation, mais il y a tout lieu de croire qu'elle remonte aux premières années du XVIᵉ siècle. Je n'hésiterais pas à en faire l'œuvre du P. Gabriel-Nicolas, religieux de ce couvent et directeur spirituel de la Bienheureuse

(1) *Nazareth et Lorette*, CHANOINE MILLOCHAU, ch. XI.

Jeanne de Valois, « plus connu sous le nom de Gabriel-
« Maria, que lui donna Léon X, pour honorer sa tendre piété
« envers le mystère de l'Annonciation ».

La délibération suivante de l'assemblée des Maire et Echevins de la ville de Bourges, remontant à un siècle plus tard,
suffira à nous dire l'importance de cette confrérie. La voici
en entier :

« Aujourd'huy, vingt deuxième d'avril, mil six cens neuf,
par devant nous, Maire et Echevins de la ville de Bourges,
soubs signez, estant assemblez en la maison et chambre com-
mune de la dicte ville, pour traicter des affaires d'icelle, sont
comparus nobles hommes, Gabriel Manceron, conseiller au
bailliage et siège présidial de Bourges, et Antoine de Bois-
souvray, sieur de Parcesche, procureur de la communaulté
et confrairie Nostre-Dame de Lorette, érigée en ceste ville,
au couvent des Cordeliers. Lesquels nous ont exhibé et mon-
tré le roole des Confrères de la dicte Confrairie, tant habi-
tans de ceste ville que du païs de Berry et autres lieux circonvoisins, afin de nous faire coisgnaître le grand nombre de
personnes qui sont d'icelle confrairie qui est exercée avec
telle et si grande dévotion, en l'honneur de Nostre-Dame, que
cela contient iceulx et autres du pays en la crainte et amour
de Dieu et en toute piété et religion, dont ils nous ont requis
leur octroyer certifications pour leur servir à acroistre et
augmenter la dévotion entre ceulx qui sont et vouldront estre
de ladicte confrairie. A ces causes, ayant vu le dict roole
desdicts confrères, Nous certifions et attestons à tous qu'il
appartiendra que ladicte confrairie de Nostre-Dame de Lorette est très dignement et dévotement observée en ceste
dicte ville, au dict Couvent des Cordeliers, et que les confrères
d'icelle sont au nombre de *mil ou douze cents personnes*,
dont il y en a plusieurs des plus notables de ladicte ville et
païs de Berry, et mesmes Monseigneur de la Chastre, gou-
verneur de Berry, son fils, Monsieur de Chasteauneuf, conseiller d'Estat, Monsieur de Montigny, Monsieur de Roddes,
chevaliers des Ordres, et plusieurs autres seigneurs qui
rendent ladicte confrairie plus célèbre et fort fréquentée avec

beaucoup de piété et dévotion. Et estiment que si icelle confrairie était *doué de quelques indulgences*, elle serait encore plus illustrée et révérée en ladicte ville et par tout le païs de Berry et autres lieux circonvoisins. En témoing de quoi nous avons signé ces présentes et faict contresigner par André Depardieu, greffier de ladicte ville, et à icelles faict apposer le scel d'icelle ville, les jours et an que dessus.

« Signé : Milet, Paulin, Guesnoys, Depardieu (1). »

Mention est faite de cette confrérie dans une ordonnance du lieutenant-général de police, du 1er juin 1760, fixant l'ordre de la procession de la Fête-Dieu, et la place que doivent occuper les corporations et confréries.

Il existe, aux archives du Cher, des comptes détaillés, rendus par les procureurs de cette confrérie, en 1662 et 1674, qui mériteraient d'être mis en œuvre, pour l'histoire de cette importante association (2).

« Au moment de la Révolution, dit M. de Brimont, la confrérie réclama, comme sa propriété, la belle statue d'argent comprise dans l'inventaire. Le 8 juin 1791, le P. Gardien donna avis à la municipalité que les confrères l'avaient fait enlever et placer, du consentement de M. Sallé, curé de Saint-Pierre, dans l'église de Saint-Pierre-le-Guillard. Cette statue alla plus tard rejoindre, au trésor de la Cathédrale, les épaves des églises supprimées (3). » Elle fut sans doute au nombre des objets précieux envoyés à la Convention, le 10 novembre ou le 20 décembre 1793. Il ne s'est conservé aucun souvenir du séjour temporaire de cette statue dans l'église de Saint-Pierre.

Si Bourges posséda quelques autres monuments du culte de Notre-Dame de Lorette, ils périrent dans la tourmente

---

(1) Communiqué par M. le vicomte de Laugardière, président de la Société des Antiquaires du Centre.

(2) Série E, liasses n°s 1786 à 1791, Notes de MM. de Kersers et de Laugardière.

(3) *M. de Puységur et l'Église de Bourges pendant la Révolution*, par M. le vicomte de Brimont, p. 72, note.

Id. ch. VII.

révolutionnaire. La confrérie elle-même ne s'est pas relevée.

°_°°

Les historiens de sainte Jeanne de Valois, fondatrice du Monastère des Annonciades, ne disent rien, à la vérité, de sa dévotion envers Notre-Dame de Lorette. Mais le silence qu'ils gardent aussi sur les raisons qui l'ont portée à placer l'ordre nouveau de vierges qu'elle fondait sous le patronage du mystère de l'Annonciation, et à lui donner pour but l'imitation des dix *plaisirs* ou vertus de la Sainte-Vierge, ne témoigne-t-il pas qu'il y a là un point insuffisamment étudié? On sait le motif exact qui détermina chaque fondateur dans le choix du nom donné à son ordre et le but qu'il se proposa. On semble ne s'être jamais fait la question pour les Annonciades. Posons-la aujourd'hui et répondons-y simplement.

Sainte Jeanne vivait dans le temps même où devenait populaire en France le culte de Notre-Dame de Lorette; elle avait entendu le récit des faits miraculeux de Lorette de la bouche des chevaliers qui avaient suivi en Italie son frère Charles VIII, et son époux Louis XII; elle vivait à Bourges, entre Charlotte d'Albret, dévote à la Vierge de la Santa-Casa, et cette jeune enfant dont nous parlerons tout à l'heure, fille de son amie, qu'elle aimait comme sienne, et qui partageait la piété maternelle; elle avait de plus comme directeur le P. Gabriel-Maria, que nous venons de nommer et qui appartenait à ce Couvent des Cordeliers, siège de la Confrérie de Notre-Dame de Lorette de Bourges (1).

Lorette, c'est la maison de l'Annonciation. *Hic verbum caro factum est, et habitavit in nobis,* est-il écrit sur les

---

(1) *Vie de la B. Jeanne de Valois,* par M. l'abbé Th. Moulinet. J'aime à rappeler ici que, si M. Moulinet publia ce volume dès son arrivée à Notre Dame-de-Châteauroux, il l'avait écrit tout entier à Poulaines, où j'ai commencé moi-même à tracer ces lignes. A cinquante ans de distance, nous avons eu l'un et l'autre pour copistes les mêmes pieuses mains.

murs de la Santa-Casa... Ce fut aussi le théâtre des plaisirs ou des vertus de la Vierge Marie. Quand donc sainte Jeanne eut à choisir pour ses filles un nom qui les rattachât à la première des vierges, et à leur donner un but qui aidât à leur sanctification, elle se tourna vers Lorette, dont toutes les voix, dans ce temps-là, racontaient les gloires. Ses murs avaient gardé l'écho des paroles de l'ange; ils avaient conservé le parfum des plus hautes vertus pratiquées sur la terre, et elle dut dire à ses premières compagnes : « Vous vous appellerez Annonciades, en mémoire du mystère de Nazareth et de Lorette, et vous reproduirez en vous les dix plaisirs divins de la Vierge pleine de grâces, dont la Santa Casa vous redit le souvenir. »

Nous ignorons, il est vrai, si l'église des Annonciades possédait un autel consacré à la Vierge de Lorette; mais ce sanctuaire étant placé sous le vocable de l'Annonciation, il n'était pas besoin d'indiquer davantage le lieu béni où commença le mystère rédempteur, et où Marie fut proclamée pleine de grâces.

On ne peut donc pas hésiter à compter l'église des Annonciades parmi les sanctuaires où fut honorée Notre-Dame de Lorette.

Le premier sanctuaire où nous trouvons un témoignage de piété envers Notre-Dame de Lorette, avec une date certaine, est l'église de LA MOTTE-FEUILLY.

Nos chroniques berrichonnes nous apprennent comment s'était formée l'intimité de Jeanne de Valois et de Charlotte d'Albret. La première, répudiée par son royal époux, avait servi de mère à la seconde, qui, on sait à quelle occasion, avait été sacrifiée à César Borgia (1)... L'union fut de courte durée. Un an après son mariage, le Valentinois reprit le cours

(1) *Esquisses bibliographiques : Charlotte d'Albret*, par GRILLON DES CHAPELLES; — *Comptes rendus de la Société du Berry*, années 1855-1856.

de ses aventures, sans s'inquiéter davantage de l'épouse qu'il abandonnait et de l'enfant qu'il en avait eue... Rapprochées par la communauté de leurs infortunes, Jeanne de France et Charlotte d'Albret semblent n'avoir pu vivre séparées. Nous les retrouvons à Bourges avec cette jeune enfant, Louise de Borgia, à laquelle elles prodiguaient leur tendresse. Charlotte n'eut pas d'autre résidence jusqu'à la mort de la sainte duchesse de Berry, arrivée en 1505, bien qu'elle eût acquis l'année précédente, pour le placement de sa dot, les terre et château de la Motte-Feuilly, Feusines et Néret. Elle voulut même être unie à son amie dans la mort. Elle s'éteignit à la Motte-Feuilly le 11 mars 1514, et, selon sa volonté, son corps fut porté à Bourges pour être enseveli au couvent des Annonciades.

Si nous ne savions pas autrement que cette translation s'était faite d'après le désir formel de Charlotte, nous l'induirions de ce fait que, quelques années après, Louise de Borgia, à ce moment épouse de Louis de la Trémouille, fit édifier dans l'église de la Motte-Feuilly un superbe mausolée pour y déposer le cœur de sa mère. Elle eût certainement gardé sa dépouille entière si elle-même n'avait pas eu à remplir un devoir d'obéissance filiale.

Nous avons encore le contrat, daté du 2 avril 1521, par lequel « Maître Martin Claustre, tailleur de ymages de Grenoble, demeurant à Blois-en-Foye, paroisse Saint-Nicolas », s'oblige à faire le mausolée destiné à l'église de la Motte-Feuilly, et la pierre tombale qui devait recouvrir les restes de Charlotte d'Albret dans l'église des Annonciades.

Mais ce n'est pas tout. Dans le même contrat, nous lisons les lignes suivantes : « Et en oultre fera ledit Claustre ung « ymage de Nostre-Dame de Lorette avecques la chapelle, « le tout d'albâtre, qui aura le tout ensemble quatre pieds de « hauteur, et de largeur à raison » (1).

Et, en effet, à la tête du tombeau, placé dans la chapelle

____

(1) Ce contrat est en entier dans la *Revue des Sociétés savantes*, mai 1859, et dans les *Comptes rendus de la Société du Berry*, 1859.

de l'église, était une statue en albâtre de Notre-Dame de Lorette assise, l'Enfant Jésus au bras, sur un bloc de même matière représentant une petite chapelle. Cette statue a été brisée et mutilée à la Révolution. Le tombeau a été restauré en ces dernières années aux frais de l'Etat, mais la statue n'a pu l'être. Trop heureux sommes-nous de la posséder encore avec ses mutilations.

Cette pieuse pensée de faire ériger simultanément le tombeau de sa mère et l'image de la Vierge de Lorette consacre le souvenir de la dévotion de Charlotte d'Albret et de Louise de Valentinois envers Notre-Dame de Lorette.

Si la voix populaire n'avait pas suffi pour faire connaître la madone italienne aux dames de la Motte-Feuilly, il faut reconnaître qu'elles étaient en bonne place pour être au courant des merveilles de Lorette... C'était le temps où les papes rivalisaient d'émulation pour la décoration de la basilique. Or, on sait les liens qui les unissaient au pape alors régnant. Si Alexandre VI ne contribua pas à l'embellissement du sanctuaire de Lorette, le Valentinois lui-même put en dire les splendeurs à sa campagne de quelques mois.

Enfin, si, ce qui n'est pas douteux, Charlotte d'Albret et sa fille entretinrent des rapports avec Lucrèce Borgia, leur belle-sœur et tante, qu'une école historique, à la suite de Roscoë, réhabilite aujourd'hui, elles purent être confirmées par elles dans la dévotion à la Vierge de Lorette. Que l'on se souvienne que Lucrèce agréa la dédicace que lui fit, de son poème sur la Santa Casa, Dominique de Vallombreuse, prieur de Sainte-Verdiane à Florence (1), et ni sa dévotion particulière, ni l'apostolat qu'elle put faire en sa faveur ne paraîtront invraisemblables. Ne serait-il pas au moins piquant qu'une femme aussi décriée eût été pour quelque chose dans le culte du Berry envers la Madone de Lorette ?

(1) *Nazareth et Lorette*, par le *Chanoine* MILLOCHAU, pièces justificatives.

Il n'y a pas apparence que Notre-Dame de Lorette ait été honorée à DUN-LE-ROI avant la construction de la chapelle que Jean Bengy lui éleva dans l'église, au commencement du XVIe siècle. Il est toutefois certain qu'en 1529, époque à laquelle Jean Bengy fit son testament devant Dupont et Poncet, notaires à Dun-le-Roi, la chapelle était édifiée. Il ne restait plus à faire que des détails auxquels pourvut le bienfaiteur par ses dernières volontés. « Je veux et ordonne qu'en
« ma dite chapelle soit fait un contrétable d'autel de pierre
« ouvré en massonnerie, et douze images des douze apôtres
« et une image de Nostre-Seigneur au milieu élevée, et que
« lesdites images soient peintes très richement, et pareille-
« ment l'image de Nostre-Dame de Lorette » (1).

Il semble résulter de ce passage que la chapelle de Notre-Dame de Lorette était achevée en 1529 ; que l'image de la Madone existait, mais qu'elle n'était pas encore décorée ; que l'autel et son beau rétable, dont, malgré les dévastations du marteau révolutionnaire, nous pouvons encore admirer les restes, n'étaient pas exécutés. Mais il faut remarquer que Jean Bengy mourut 25 ans après la date de ce testament, en février 1554, et qu'il fut enterré dans sa chapelle. Il y a donc lieu de croire qu'il eut tout le temps de faire faire lui-même le rétable des douze apôtres, et de parachever le monument de la Vierge qu'il aimait.

Car il ne s'agit pas ici d'une simple statue ; c'est un bas-relief, représentant un édifice en forme de chapelle surmontée d'un élégant campanile, simulant une tour à deux étages : c'est la *Santa Casa*. La porte ouverte dans le pignon laisse apparaître une figure féminine assise, les mains tendues et légèrement écartées, c'est la Vierge de Lorette. Est-ce, comme le veut M. Paul Moreau, l'attitude de l'exhortation, et Marie raconte-t-elle les merveilles dont sa maison a été le théâtre ? N'invite-t-elle pas plutôt les fidèles à y pénétrer, et

---

(1) *Histoire de Dun-le-Roi*, par P. MOREAU, tome II.

y demander les grâces qu'y prodiguent sa bonté et sa puissance ?... Quoi qu'il en soit, deux anges, ou plutôt les vestiges de deux anges, peints sur la mur....'le, et portant l'édicule sur leurs épaules dans son voyage miraculeux, ne nous laissent aucun doute sur la signification de ce monument.

Tout, dans cette chapelle, avait été traité avec un soin remarquable. La belle fenêtre du midi, probablement ornée alors de vitraux en harmonie avec la richesse de son architecture, la riche crédence qui est au-dessous, les ornements extérieurs des contreforts et du larmier qui entourent la fenêtre indiquent avec quelle piété son fondateur avait veillé à l'exécution de tous les détails.

Jean Bengy fit plus encore. Il fonda sept chapellenies et vicairies dans la chapelle de Notre-Dame de Lorette, et légua, pour les honoraires des chapelains et vicaires, la somme de 2.500 livres tournois avec lesquels on devait acheter des biens-fonds dont le revenu serait employé à les solder. Ces chapelains et vicaires devaient dire « chacung d'eux une messe toutes les sepmaines à perpétuel, c'est assavoir : le Dimanche, l'office du jour ; le Lundy, l'office des trépassez ; le Mardy, l'office de Saint Jean-Baptiste ; le Mercredy, l'office de Saint Nicolas ; le Jeudy, l'office du Corps de Dieu ; le Vendredy, l'office de la Croix et Passion de Nostre-Seigneur ; le Samedy, l'office de Nostre-Dame. Enfin, le jour de la fête des Morts, tous lesdits chapelains et vicaires seront tenus de dire un *Libera*, avec l'absolution sur la fosse.... » Il nomme lui-même les chapelains et vicaires pour chaque jour de la semaine, et détermine qu'après lui, sauf pour « le Jeudy où la messe devra être dite par le Maistre des enfants de chœur, et non aultre, les chapelains qui passeront de vie à trépas auront leurs successeurs nommés par les échevins de la ville. »

Jean Bengy était fils d'un autre Jean de Bengy, le premier personnage de cette famille qui nous soit connu. « Selon toute probabilité, dit M. Paulin Riffé, dans la savante généalogie qu'il lui consacre, Jean Bengy naquit à Dun-le-

BIBLIOTHÈQUE NATIONALE — IMPRIMÉS

Roi, vers 1482. Il vécut dans cette ville dans les sentiments de la plus grande piété, et laissa dans les souvenirs de ses contemporains une estime qui subsiste encore.... Il dut mourir au mois de février 1554. Il a été inhumé dans sa chapelle selon qu'il l'avait ordonné. Il ne paraît pas qu'il ait jamais été marié (1). »

C'est dans cette chapelle que les élèves du collège de ma ville natale avaient leurs places. De six à huit ans celui qui trace ces lignes y eut la sienne... Si ses yeux, quittant volontiers le paroissien, cherchaient parfois fortune en l'air, plus haut que les mouches dont ils pouvaient suivre le vol, ils apercevaient la sainte maisonnette incrustée dans le mur (2). C'est bien sans doute à cette circonstance qu'il doit d'avoir été instruit de bonne heure du fait de la translation miraculeuse. Cette Vierge dont son enfance lui redit le souvenir, il devait la retrouver dans la première paroisse dont il fut curé (Notre-Dame de Roussines) ; puis dans sa seconde cure (la Celle-Bruères), sous la forme d'un manuscrit précieux dont l'histoire est plus loin ; il eut le bonheur de lui élever un autel dans sa troisième paroisse (Poulaines) ; enfin dans sa quatrième, le souvenir est resté d'un vœu fait jadis par la ville de Sancoins à Notre-Dame de Lorette. Ce souvenir devient l'occasion du relèvement de son culte dans cette paroisse.

(1) *Mémoires de la Société des Antiquaires du Centre*, Famille *de Bengy* tome V, par M. PAULIN RIFFÉ.

(2) Dans la scène de sauvagerie dont l'église de Dun-le-Roi fut le théâtre, le 16 février 1794, tandis que les belles sculptures du rétable tombaient sous les coups des forcenés, le monument de Notre-Dame de Lorette ne fut pas atteint, et la Vierge est demeurée intacte sur le seuil de la maisonnette. On manqua probablement d'une échelle assez longue. On a pourtant aimé à dire, et on répète encore à Dun le-Roi, que l'image de Marie ne dut sa préservation qu'à sa retraite spontanée au fond de la *Santa Casa*, pendant la scène sacrilège. Pieux propos qui indique au moins que sa conservation a été remarquée, et que Notre-Dame de Lorette est aimée encore par les fidèles de Dun-le-Roi. Puissent-ils prendre à cœur la restauration de cette belle chapelle et la rendre digne de la Vierge de Lorette, tant aimée de leurs pères ! L'Église de Dun-le-Roi est connue comme l'une des plus belles du diocèse.

L'ancienne paroisse de PUYFERRAND, aujourd'hui rattachée à celle du Châtelet, possédait, sur le chemin qui monte à l'ancienne église abbatiale de Notre-Dame de Puyferrand, une chapelle dédiée à Notre-Dame de Lorette. Il ne reste de cet édifice, qui tombait en ruines, et était déjà interdit lors de la visite de Monseigneur de Larochefoucauld, le 2 octobre 1734, qu'une figure assez grossièrement sculptée, retirée de ses ruines et incrustée dans le mur d'une habitation voisine. C'est un ange avec un encensoir à la main, qui devait appartenir à un rétable ou à un portail. Son style, qui indique la fin du XVe ou le commencement du XVIe siècle, nous reporterait bien à la période de la plus grande popularité de la dévotion à Notre-Dame de Lorette (1). « Nous étant informé, dit le procès-verbal de la visite de 1734. s'il y avait quelque titre de bénéfice ou fondation, et si quelqu'un y prétendait droit, ledit sieur Pichot (curé de la paroisse) nous a répondu qu'on disait qu'elle appartenait à la famille Roux; qu'il n'y a point de titre de bénéfice, mais seulement une fondation de deux messes par mois qu'il acquitte en l'église de Saint-Martial, à cause de l'interdit prononcé contre ladite chapelle, il y a environ quatre ans. »

Le nom de Notre-Dame de Lorette, donné au faubourg dans lequel était située cette chapelle, est demeuré populaire au Châtelet. Mais, de la dévotion, il ne reste d'autre souvenir que la croix de pierre qui a toujours marqué, depuis sa démolition, l'emplacement de l'ancienne chapelle.

Nous ne savons rien de l'époque de sa fondation, mais il est permis de la faire remonter au dernier des Chauvigny, André III, le puissant seigneur de Brosse, également seigneur du Châtelet, ou à sa veuve, Louise de Bourbon. Le premier fut l'un des compagnons de Charles VII dans son expédition en Italie, et se distingua même à la journée de

(1) Renseignements fournis par M. l'abbé VRIS, curé-doyen du Châtelet.

Fournoue, la seconde était du nombre des dames qui formaient l'intimité de sainte Jeanne de Valois. C'est à eux aussi que nous attribuerons la statue dont il sera question dans l'article suivant.

*
* *

La paroisse de NOTRE-DAME DE ROUSSINES est située dans le doyenné de Saint-Benoist-du-Sault. Son église, modeste mais non dénuée d'architecture, était déjà signalée aux archéologues par les Guides divers. Les voûtes, en effet, sont décorées de curieuses peintures du XV⁰ siècle. Au-dessus du sanctuaire, l'Eglise triomphante est figurée par le Christ bénissant, entouré des symboles des quatre évangélistes et d'un chœur d'anges jouant des instruments de musique. Dans la travée voisine, des personnages en costume du temps, montés sur des animaux qui symbolisent les péchés capitaux, représentent l'Eglise militante (1). Un moine, qui leur fait face, prêche la fuite de ces péchés. En divers endroits des murs, on apercevait encore des vestiges de peintures commé-

(1) L'*Orgueil*, sur un cheval ; au second plan un paon ; l'*Avarice*, sur un lion, tient en main un ciboire plein d'or ; la *Luxure* sur un bouc. armée d'un poignard ; la *Gourmandise* a dans la main un verre plein de vin ; la *Colère*, sur un sanglier, s'enfonce un poignard dans la poitrine ; la *Paresse*, sur un âne, porte une marotte ; l'*Envie*, sur un loup. Sur les murs on voyait : 1° au-dessus de la fenêtre du sanctuaire, *J.-C. sortant ressuscité du tombeau* ; de chaque côté de la même fenêtre, *S. Pierre* et *S. Paul*, portant comme des *Croix* de consécration dans des disques ; 3° auprès de la porte de la sacristie actuelle, *une dame en prières*, devant une Vierge portant son enfant ; derrière elle, un saint debout tenant un livre ; 4° près des piliers du chœur, *deux autres apôtres*, dont l'un est *S. André* ; 5° à la place de la chaire, *N.-S. en croix, S. Francois, Ste Catherine.* avec un *chevalier* en prière devant elle, puis un *solitaire* devant sa cabane ; 6° dans la même travée, encore *J.-C. en croix*, devant lui trois cavaliers et, derrière lui, de *trois tombeaux ouverts sortent des personnages ressuscités* ; 7° en face, du côté de l'épître, l'apôtre *S. Judde* ; 8° au-dessus de la porte latérale, *un moine à genoux, suivi de cinq autres moines et de quatorze chevaliers portant des cierges* ; 9° près des fonts baptismaux, *J.-C. mort sur les genoux de sa mère*, adoré par un chevalier et sa dame coiffée du hennin, *S. Etienne* lapidé

moratives ou votives que le temps avait effacées. J'ai cependant pu, avant leur entière disparition, en fixer la signification.

Mais indépendamment de ces peintures, qui ont été classées dernièrement parmi les monuments historiques, Notre-Dame de Roussines possède un autre objet, non moins précieux au point de vue archéologique, et plus cher encore aux amis de nos traditions religieuses. C'est une statue de Notre-Dame de Lorette, œuvre du commencement du XVIe siècle. J'en ai donné ailleurs (1) une longue description, et son image, depuis une quinzaine d'années, a été vulgarisée par la gravure, la photographie et la polychromie. Qu'il me suffise de dire ici que la Vierge y est représentée tenant dans ses bras l'Enfant Jésus, qui est nu et contemple plein de respect et d'amour le visage de sa mère. Marie est couronnée et porte un long manteau. Elle est comme à demi assise sur le toit d'un édifice dont on voit seulement, à sa droite, le clocher avec sa cloche (2). A ses pieds trois anges supportent une petite maison au-dessous de laquelle on lit l'inscription : Nre-Dame de Lorette. Les pieds de la Vierge reposent sur le croissant de la lune : *Luna sub pedibus ejus*. Des rayons

par deux bourreaux, *S. Nicolas et les trois enfants dans le saloir* ; 10° au-dessus de ces dernières scènes, même travée, *J.-C. mangeant la Pâque avec ses disciples* ; deux serviteurs portent l'agneau pascal et un vase à anse ; S. Jean repose sur la poitrine de Jésus ; sur la table deux plats de poissons (ιχθύς) ; 11° à gauche de la porte principale, *un ange terrassant de la croix le démon*, et portant une balance où est une âme ; 12° *quatre autres croix* dans des disques.

(1) Voir *Revue du Bas-Berry*, janvier 1878 : *Les Peintures et la Vierge de Notre-Dame de Roussines*. — On trouvera aussi la vierge et quelques détails des peintures dans la *Revue du Berry*, septembre-octobre 1896, à propos de l'article signé P. de L.

(2) C'est une tradition de Lorette que la *Sancta Casa* avait été transformée en oratoire par les apôtres, et que, quand elle fut transportée par les anges, elle était surmontée d'un campanile portant une cloche. C'est en souvenir de ce fait que les pèlerins de Lorette rapportent des clochettes minuscules, auxquelles sont attachées diverses faveurs spirituelles.

arrachés, mais dont la place est bien visible derrière la statue, plaçaient Marie comme au milieu du soleil, et complétaient le texte sacré : *Mulier amicta sole.*

Un peu raide peut-être, la Vierge respire la dignité et la douceur. L'ensemble de la composition est remarquable et forme une scène pleine de vie. Certains défauts font supposer que l'œuvre est restée inachevée, ou que son auteur, doué par la nature du sens artistique, manquait de certaines connaissances du métier.

Son origine nous est malheureusement inconnue. Venait-elle de quelque généreux prévôt de Saint-Benoist-du-Sault ? des Augustins de la même ville, qui, à plusieurs reprises, avaient été chargés de l'administration temporaire de la paroisse, et qui, en tant qu'Augustins, pouvaient, comme ceux de Puyferrand, de Château, de Jars, avoir une dévotion spéciale à Notre-Dame de Lorette (1) ? N'était-elle pas plutôt un don de quelque seigneur de Brosse, de ces Chauvigny dont les armes sont sculptées à l'un des corbelets de l'église ? Peut-être d'André de Chauvigny, ou de sa veuve Louise de Bourbon, dont nous avons avancé les noms à propos de Puyferrand ? Ce qui est certain, c'est que cette statue devait être ancienne et populaire à l'époque de la Révolution, car, pour la préserver de la fureur des iconoclastes du temps, les habitants de Roussines l'enterrèrent dans le cimetière. On retrouverait, sous la décoration récente qui a succédé à la peinture trop primitive qui lui fut infligée après son exhumation, de nombreuses traces de terre. Elle y restera comme un témoin de la foi du peuple fidèle, qui a ainsi préservé cette image vénérable durant les mauvais jours.

Cependant Roussines était resté sans curé résidant jusque vers 1870. Ce n'est même qu'en 1855 qu'elle fut détachée de Saint-Benoist pour former une paroisse distincte. On aimait

(1) Il faut cependant remarquer que les religieux de Saint-Benoît-du-Sault étaient des ermites de Saint-Augustin et non des chanoines réguliers de Saint-Augustin. La fondation de Saint-Benoît ne date que de l'année 1615.

encore la vieille Madone des pères ; dans les grandes circonstances, on lui offrait une nouvelle robe de mousseline, les
mariées lui faisaient hommage d'un bout de leur ceinture
ou du bouquet de fleurs d'oranger rapporté à l'église après la
noce, mais, en réalité, on ne connaissait plus ni l'histoire miraculeuse que rappelait cette Vierge, ni les curieux détails que cachaient dix étoffes superposées et agglutinées
par la poussière et l'humidité.

Si bien qu'un jour une bonne âme pensa faire œuvre pie
en mettant à la retraite ce morceau de bois vermoulu, et
offrit une nouvelle statue qui prit la place d'honneur. Le
presbystère était seulement en construction et les combles de
l'église étaient inaccessibles... Heureuses circonstances, qui
évitèrent à la Vierge de Lorette la relégation au grenier ! Une
pierre émergeait par hasard du mur de l'église ; elle lui servit
de console. Je l'y vois encore, à gauche au-dessus des têtes
vénérables de messieurs les marguilliers. Où serait à présent
cette relique sans ce moellon providentiel ?...

C'est de là qu'elle fut descendue en 1875. Débarrassée de
son épais vestiaire, lavée et décorée par des mains amies,
remise à la place qui lui revient, elle offre aux regards la
reproduction de tout le miracle de la translation miraculeuse.

Les hommages pieux se sont dès cet instant multipliés en
son honneur, et, en 1880, Mgr Marchal, archevêque de
Bourges, érigeait canoniquement une confrérie sous le titre
de « Notre-Dame de Lorette, modèle et protectrice des fa-
milles ». Par un bref du 19 février 1881, le pape Léon XIII
enrichissait cette confrérie d'indulgences. Dès 1888, le nombre
des associés s'élevait à 12,000. Les restaurations faites à
l'église, l'achèvement du presbytère, et la fondation d'une
école chrétienne pour les petites filles sont leur œuvre.

Si le culte de Notre-Dame de Lorette a pu s'éteindre en
d'autres paroisses, tout permet de croire qu'il sera longtemps
vivant à Notre-Dame de Roussines.

⁂

Les circonstances qui m'ont fait connaître l'existence du

culte de Notre-Dame de Lorette à JARS sont une petite histoire. Qu'on me permette de la dire.

Je quittai en 1889 la paroisse dont il vient d'être parlé. Quatorze ans avaient été employés là à la diffusion du culte de Notre-Dame de Lorette. Je me croyais bien sûr d'avoir dit adieu pour toujours à la chère madone.

Je me trouvai, à la Celle-Bruères, usufruitier d'une bibliothèque de dix-huit cents volumes, légués au presbytère par un prédécesseur, M. Morlet, de pénitente et vénérée mémoire. Faute de place en cette maison insuffisante et menaçant ruine, cet amas de livres avait été entassé au grenier, à la merci de la pluie, de la neige et des rongeurs.

A ma première ascension là-haut, un vieux cahier, tout racorni et jauni par le temps, frappa d'abord mes regards. Au milieu des débris qui attestaient leurs ravages, les rats l'avaient heureusement épargné. C'était l'histoire des translations de la sainte maison de Lorette, traduction de l'opuscule d'Antonio Lucidi.

La singularité de la rencontre me fit emporter le précieux manuscrit et le mettre pieusement en réserve.

Je n'y repensai que cinq ans plus tard, quand fut annoncé le sixième centenaire de la Translation. Bien que les faits de Lorette me fussent connus, je me mis à étudier le manuscrit. Très désireux de connaître le nom de son auteur, j'avais vainement interrogé le frontispice et le titre, et m'étais reporté à ses dernières pages : je n'avais rien trouvé. Enfin, vers le milieu du cahier qui contenait un second récit étranger à Lorette, je trouvai la note suivante : « Ce cahier a été traduit de l'italien en français, à Florence, le 18 août 1798, par Henry Berthon, curé de Jars, et transcrit à Bourges, le 15 décembre 1806, par Jean Allexy Delletery père (1).

Je m'enquis de ce qu'avait été M. Berthon. Voici ce que voulut bien m'écrire M. le doyen de Jars : « Le souvenir de

---

(1) Il y avait un notaire de ce nom qui, de 1752 à 1800, fut titulaire de l'étude Paultre, aujourd'hui étude Paillat. J'ignore si c'est le copiste du manuscrit de M. Berthon.

M. Berthon est encore très vivant à Jars. Tous les vieillards de la paroisse l'ont connu, et savent que, obéissant aux décrets persécuteurs de 1792, il a émigré en Italie... En 1805, je retrouve la signature de M. Berthon, comme curé de Jars. Quelques-uns de mes vieux paroissiens prétendent qu'il n'était que vicaire avant l'émigration. Quoi qu'il en soit, M. Berthon fut curé-doyen de Jars et de Boucard (le Noyer), jusqu'au mois d'avril 1836. Il donna alors sa démission, et prit sa retraite à Jars même, où il mourut l'année suivante, le 29 juin 1837. Vous voyez que beaucoup de paroissiens actuels ont pu le connaître. Tous l'ont encore en vénération, et le regardent comme un saint. Il est inhumé au pied de la grande croix, dans la même fosse que son prédécesseur, M. Theurault, aussi de sainte mémoire ; et la croix de pierre qui abrite leurs restes porte, avec leurs noms, ces paroles sacrées : *Isti sunt qui venerunt ex magna tribulatione* (Apoc., VII, 14. »

L'auteur de cette traduction était donc un de ces prêtres courageux qui, pour rester fidèles à leur sacerdoce et à leurs serments, ne craignirent pas d'affronter, aux jours de la grande tribulation, les hasards et les rigueurs de l'exil. Le manuscrit original est perdu sans doute, mais combien nous devons nous réjouir de conserver une copie du pieux travail entrepris par le prêtre fidèle, pour nourrir sa piété et se consoler, en compagnie de sa mère du Ciel, des tristesses de l'exil !

M. Berthon n'avait eu avant la Révolution aucun lien avec Jars. Il avait été vicaire d'Aigurandes, et était, au moment de la tourmente, curé de Mouhet. Il prit ses passeports pour l'Italie, et partit le 11 septembre 1792. Il semble ne s'être jamais séparé de son confrère voisin, M. Denis (1), curé d'Azerable, et de M. Dupont, curé de Déols, et avoir fixé son

(1) M. Denis fut, à son retour, le restaurateur de l'ordre du Verbe-Incarné. Pieuse pensée qui lui fut inspirée peut-être dans la *Santa Casa*! Sa vie a été écrite par un prêtre distingué du diocèse de Limoges dont le nom m'échappe en ce moment.

séjour à Ravenne. Il dut quitter précipitamment cette ville à l'arrivée des armées françaises, dans l'été de 1798, peu de de jours sans doute avant la date du manuscrit, et se réfugia à Florence avec ses compagnons. Il retourna probablement dans la Romagne, quand, au mois de mars suivant, la Toscane fut elle-même envahie par les Français. Cependant nous le retrouvons à Villamagna, le 6 septembre 1800; mais il fut bien certainement du nombre de ces ecclésiastiques réfugiés en Italie, qui, avant de rentrer en France, se rendirent à Rome. « M. Goumet (curé de Jussy) et onze de ses confrères furent reçus au Quirinal, le 9 septembre. Pie VII les traita avec bonté, et leur recommanda la douceur et l'indulgence... Le 25 juin 1802, ils arrivaient à Bourges (1). »

De 1802 à 1805, M. Berthon dut exercer le saint ministère dans quelque paroisse plus modeste; car ce n'est qu'en 1805 que nous le voyons à Jars, succéder à M. Theurault.

Quoi qu'il en soit, profondément pénétré des souvenirs qu'il avait rapportés de Lorette, d'où il lui avait été facile de se rendre de Ravenne, la Romagne et la Marche étant limitrophes, il se fit certainement à son retour l'apôtre de la Santa Casa. Il fit circuler son manuscrit dont il permit de prendre copie et se plaisait, sans doute, à raconter les merveilles de ce sanctuaire.

Les circonstances, du reste, avaient bien servi sa dévotion envers la Vierge qui avait protégé son exil. A 7 kilomètres de Jars, au milieu des bois, on rencontrait une très modeste chapelle. On ne l'appellait pas autrement, à Jars, que Sainte-Lorette, ce qui semble indiquer qu'on n'y conserverait que de vagues notions sur le fait miraculeux de la Translation Cette chapelle n'était pas l'œuvre de M. Berthon; elle ne lui devait même pas son vocable. Le digne prêtre avait retrouvé, sur la paroisse que la Providence lui réservait à son retour de l'émigration, cette chapelle dédiée à Notre-Dame de Lorette. M. Berthon y fit-il des restaurations? la releva-t-il de ses ruines? Je ne sais. Mais, contrairement à ce que j'avais pensé

(1) *M. de Puységur et l'Eglise de Bourges pendant la Révolution.* M. DE BRIMONT, p. 367, note.

d'abord, la chapelle existait longtemps avant lui, puisqu'à la date du 8 mai 1738, nous avons le procès-verbal de la visite qu'y fit Monseigneur de Larochefoucauld. Il y est introduit par le curé de Jars, religieux augustin de l'abbaye de Saint-Satur, qui nommait à cette cure.

« Nous avons procédé, dit le procès-verbal, à la visite de ladite chapelle rurale que nous avons trouvée en assez bon état de réparation, passablement fournie de vaisseaux sacrés, linges et ornements nécessaires à la célébration du saint sacrifice de la messe ; avons seulement remarqué que la figure en relief de Notre-Dame de Lorette, exposée sur ledit autel, est considérablement mutilée, ce que nous avons appris provenir de ce que quantité de gens grossiers, ignorant leur religion, par une superstition monstrueuse, râpaient de la pierre de cette figure qu'ils faisaient infuser dans du vin, et le prenaient pour être guéris de la fièvre et autres maladies. Pour à quoi remédier autant qu'il est en nous, ordonnons que la figure sera incessamment ôtée et enterrée, et qu'en son lieu et place il y sera mis un petit tableau propre de Notre-Dame de Lorette, ce qui sera exécuté avant le 1ᵉʳ septembre prochain ; faute de quoi, ledit jour passé, nous interdisons ladite chapelle, défendons à tous prêtres séculiers et réguliers d'y célébrer. Ordonnons de plus que les vitres seront raccommodées. Et nous étant informé s'il y avait quelque titre de bénéfice ou fondation... nous a répondu qu'il n'y avait aucun bénéfice ou fondation, mais que, d'ailleurs, les peuples y avaient grande dévotion, et qu'elle servait de station à plusieurs paroisses qui y venaient en procession. »

Bien que la chapelle de *Sainte-Lorette* ait entièrement disparu, la paroisse continue d'y aller chaque année en procession, le premier jour des Rogations. Souhaitons que le pieux sanctuaire soit bientôt relevé, et que les fidèles de Jars rendent à la Madone de la Santa Casa le *rationabile obsequium*. Ils en puiseront les motifs dans la piété de leurs pères, dans celle du prêtre vénérable dont le souvenir leur est resté cher, et dans une connaissance plus parfaite des faits religieux de Lorette.

o°•

Les traditions sur la coutume locale des Bacheliers de
SAINT-MARCEL (26-27) nous apprennent qu'il y avait ancien-
nement dans cette paroisse une *porte de Lorette*, d'où par-
taient les concurrents pour la course de l'épée, et une *hôtellerie de Lorette*, dont, par un anachronisme singulier, la
tradition fait le théâtre de l'un des miracles des saints Mar-
cel et Anastase. Quoi qu'il en soit de cet événement, qui a
pu cependant avoir lieu dans la maison connue depuis sous
le nom d'*hôtellerie de Lorette*, l'idée d'avoir donné une telle
enseigne à une hôtellerie ou auberge suffit à indiquer la popularité du culte de Notre-Dame de Lorette à Saint-Marcel. Cette
hôtellerie aurait été située à trois cents pas de la chapelle
Jaune; mais nous ignorons, bien que cela soit probable, si
quelque chapelle dans l'église, ou quelque autre sanctuaire
dans la paroisse, était consacré à Notre-Dame de Lorette.

Je lis aussi dans l'ouvrage en préparation de M. E. Hubert : *le Bas-Berry*, que, le 24 juillet 1589, François de
Boisay avait mis un sergent de *la Maison de Laurette de
Saint-Marceau* auprès du château de Courcenay, qu'elle venait de prendre sur Antoine de Saint-Flovier, capitaine au
service de Henri IV, et qu'elle avait pillé. Il serait bien inté-
ressant de savoir ce que pouvait bien être cette maison de
« Laurette » de laquelle on pouvait détacher un sergent pour la
garde d'un château.

La maison de « Laurette » figure dans l'« *Extrait du
Terrier de la ville, seigneurie, justice et Chatellenye d'Argenton* », comme dépendant des biens laissés à Madame Louise
de Bourbon, duchesse de Montpensier par André de Chauvigny
(1564). Nous ignorons si elle existait encore à l'époque où
fut fait l'inventaire des titres de l'apanage du comte d'Ar-
tois (1).

(1) Voir un article de M. Hercule Robert, dans *le Rénovateur, Cour-
rier de l'Europe*, 26 juin 1835 : *Antiquités, Argenton*. — *Les Bacheliers
de Saint-Marcel*, par E. HUBERT. - *Revue du Berry*, septembre-octobre 1895. — *Dictionnaire géographique de l'Indre*, par M. E. HUBERT.

Il y a encore actuellement une rue de Lorette à Saint-Marcel.

°°°

Il ne reste rien du culte de Notre-Dame de Lorette à VATAN ; mais nous savons par divers monuments, et en particulier par des « Mémoires inédits sur l'histoire civile et religieuse de Vatan », analysés par M. A. Desplanques, dans les *Comptes rendus des travaux de la Société du Berry* (1864-1865), qu'elle avait une chapelle dans l'église collégiale de Saint-Laurian. « Dans la nef, dit l'auteur anonyme de ces « Mémoires (1), il y a quatre chapelles ; celle qui se voit à « main droite en entrant est sous l'invocation de Notre-Dame « de Lorette... » Cette chronique, qui va de 1725 à 1752, ne nous dit pas les origines de cette chapelle. Nous ignorons également à quelle époque elle disparut, ou fut placée sous un nouveau vocable. Il n'existe plus actuellement aucune chapelle dans la nef de Saint-Laurian de Vatan.

°°°

L'existence d'une chapelle de Notre-Dame de Lorette à ESTRÉES, ancienne paroisse réunie aujourd'hui à celle de Saint-Genou, nous est révélée par l' « Inventaire des Archives de l'Indre ». Sa fondation, qui datait de 1554 (2), est mentionnée dans des pièces concernant cette chapelle, et remontant au milieu du XVIIIᵉ siècle. En voici l'analyse, tirée de l'Inventaire : « Fondation faite par Jean de la Châtre, chevalier, seigneur du lieu temporel de Villebernin, diocèse de Bourges, fils de noble et généreux homme, Charles de la Châtre, qui a dit et exposé que autrefois lesdits Charles et Jean désiraient et avaient grande affection de faire bâtir deux chapelles, savoir : l'une devant être construite par ledit

---

(1) Ce manuscrit est conservé dans la famille Delorme, à Vatan. Il aurait pour auteur le chanoine Métivier.

(2) E. HUBERT. *Dictionnaire géographique de l'Indre : Estrées.*

Charles, près l'église de la paroisse d'Estrées, et l'autre par ledit Jean, près l'église de Villebernin, diocèse de Bourges ; la première sous le vocable de Notre-Dame de Lorette et l'autre sous celui de Sainte-Marguerite, en vertu de la permission accordée par l'archevêque de Bourges. Les fondateurs constituent un chapelain pour dire une messe par semaine dans chaque chapelle, lèguent une rente de 18 livres tournois à chacun des chapelains sur un moulin à blé, situé sur l'Indre et dans la paroisse de Villebernin (1). »

Il ne restait plus en 1840, d'après les *Esquisses pittoresques*, que des vestiges de l'église d'Estrées (2). La chapelle de Notre-Dame de Lorette, due à la libéralité de Charles de la Châtre, a disparu avec elle.

.°.

J'ai moins encore à dire des vestiges du culte de Notre-Dame de Lorette demeurés à Menetou-Couture. « Le réduit au nord de la nef, dit M. B. de Kersers, que nous avons regardé comme étant la base de l'ancien clocher, est décoré de peintures du XVIᵉ siècle, représentant le géant saint Christophe, passant une rivière en bateau et ployant sous le faix de l'Enfant Jésus qu'il porte sur son épaule (3). Au haut, à gauche, est la Santa Casa de Loreto. » La date de cette peinture, aussi bien que de celle d'Ivoy-le-Pré, confirme ce que nous avons dit de l'époque à laquelle dut s'introduire le culte de Notre-Dame de Lorette en Berry. A ce titre, nous ne pouvions manquer de la mentionner.

.°.

On voit encore dans l'église de Germigny, doyenné de la Guerche, une statue en pierre, malheureusement fort mutilée,

---

(1) *Inventaire des archives de l'Indre*, série G. 981.

(2) *Esquisses pittoresques de l'Indre*, p. 252.

(3) Autre exemple de la popularité du culte de saint Christophe en Berry, à l'appui de ce que j'ai avancé dans un travail précédent : *Les Boiseries et la Vierge de Poulaines, Revue du Berry*, 1897.

de Notre-Dame de Lorette. Deux anges, dont les ailes semblent se reployer après le vol, sont comme agenouillés. Le voyage miraculeux ayant pris fin, ils s'apprêtent à déposer la sainte maison sur son nouveau sol. Telle a été, il nous semble, la pensée de l'artiste. La maison est percée à droite d'une petite fenêtre carrée, et à gauche d'une porte. Au-dessous se voit un cartouche qui devait porter des armoiries dont il semble que l'on voie encore des traces. La maison est couverte de tuiles arrondies à gouttières. Les anges sont amplement vêtus et ont les cheveux longs sur les côtés, selon la mode du temps de Louis XII. La Vierge est debout sur le toit de la maison, couverte d'un manteau à larges plis, la chevelure retombant abondante sur les épaules et couvrant le sein droit. L'Enfant Jésus, qui enlaçait de ses petits bras le cou de sa Mère, est assis sur la main gauche de Marie, tandis que ses pieds reposent dans la main droite. C'est lui qui a été le plus outragé par le marteau révolutionnaire : il ne reste plus rien de sa tête. La Vierge paraît trop courte. Malgré ses défauts, ce groupe n'est pas sans mérite, et il caractérise assez bien l'époque à laquelle il remonte. C'est une œuvre des premières années du XVIe siècle.

Il n'est pas possible de dire à quels événements se rattache l'érection de cette statue. Germigny était alors un fief de la famille de Bourbon. Il fut donné, au moment de la confiscation des biens du Connétable, à Louise de Savoie. L'un ou l'autre a-t-il été l'auteur du don qui a été fait de cette statue à l'église de Germigny ? On sait que le Connétable, fidèle alors à son pays, s'était conduit en héros à Agnadel et à Marignan. Est-il bien téméraire de penser qu'il a pu doter lui-même sa terre de Germigny d'un souvenir rapporté d'Italie ? Il ne reste à Germigny pas d'autres souvenirs du culte de Notre-Dame de Lorette. Depuis bien longtemps cette image, reléguée sous un autel, a été remplacée par quelque œuvre moderne et vulgaire ; mais l'attention est appelée sur elle, et M. le curé de Germigny se propose de donner à ce témoignage vénérable de la piété de nos pères la place qui lui convient.

⁂

La chapelle dédiée à Notre-Dame de Lorette à IVOY-LE-PRÉ était une annexe faite, au commencement du XVI° siècle, à la belle église de cette paroisse par les du Mas, seigneurs d'Ivoy. Les murs étaient couverts de peintures, tellement défigurées depuis qu'il n'a pas été possible de les conserver. Le miracle de la Translation de la Santa Casa y était représenté. « On y distingue aussi, dit M. B. de Kersers, deux hommes prenant la dimension d'un bassin divisé en damier, légende : *Les Mesureurs*. » C'est peut-être un souvenir de la délégation envoyée à l'origine du fait miraculeux par Nicolas Frangipane à Nazareth, afin de confronter les mesures de la Santa Casa avec les fondations demeurées en Galilée. « Sur un autre point, ajoute l'auteur de la *Statistique monumentale du Cher*, deux hommes couchés, légende : *Le mont des deux frères*. » C'est une allusion à la troisième translation sur les terres des deux frères de Antiquis. La légende : *Le miracle de Paris*, indiquait sans doute quelque fait miraculeux dû à l'intervention de Notre-Dame de Lorette.

Il n'est pas possible de dire en ce moment quelle a été l'origine de cette dévotion à Ivoy-le-Pré. Le souvenir en sera conservé, car l'autel édifié dernièrement a été dédié, par M. l'abbé Mamet, à Notre-Dame de Lorette. Le bas-relief représente la translation de la Santa Casa. « Je veux même, m'écrit M. le Curé, si Dieu le permet, faire poser un vitrail retraçant le miracle dans tous ses détails. » C'est donc, dans cette paroisse, une tradition qui se renoue, et le culte de Notre-Dame de Lorette y verra encore de beaux jours.

⁂

Le Bourbonnais avait vu de bonne heure fleurir sur son sol le culte de Notre-Dame de Lorette. L'église des Carmes, aujourd'hui paroisse Saint-Pierre, possédait « l'agréable et dévote chapelle de Nostre-Dame de Lorette, soubz le clocher dûe aux libéralités de Jean Petit, seigneur de Seganges ».

A sa requête, Léon X accorda à ce sanctuaire de grandes indulgences, en 1539. En 1578, Antoine du Lion, sieur de la Motte, y fit une fondation.

Mais Moulins n'appartenait pas au diocèse de Bourges. Nous n'avons à nous occuper que des quatre paroisses qui suivent et qui dépendaient de l'archiprêtré de Bourbon : Chateau-sur-Allier, Comps, Saint-Menoux et Ainay-le-Château.

CHATEAU-SUR-ALLIER, doyenné de Lurcy-Lévy, posséda jusqu'à la Révolution un couvent d'Augustins qui était sous le vocable de Notre-Dame de Lorette. Il s'élevait vis-à-vis Chateau-sur-Allier, « sur un côteau planté de vignes qui produisent d'assez bons vins et d'où l'on jouit d'une vue très étendue et très agréable » (1). C'était l'une des sept maisons d'Augustins existant dans le diocèse de Bourges, et dont la réforme avait été commencée à Bourges, à la fin du XVIᵉ siècle, par le P. Etienne Rabache. Les Augustins, d'après la Thaumassière, avaient obtenu dans cette ville la maison des Templiers.

L'église de l'abbaye de Notre-Dame de Lorette, dont les quatre murs et le grand portail subsistent encore, était monumentale. Elle datait des premières années du XVIᵉ siècle, l'abbaye ayant été fondée, d'après Barbier, en 1727. Dans le pignon de l'église, demeuré debout, sur un cartouche placé sous le frontispice de la porte principale, on lit encore l'inscription suivante : « CETTE CHAPELLE A ÉTÉ BATIE A L'HONNEUR DE DIEU ET DE NOTRE-DAME DE LORETTE PAR LES GENS DE BIENS. »

« C'est, ajoute le chanoine de Mézières, un lieu de grande dévotion, à cause de son image miraculeuse qui y attire beaucoup de monde (2). » Si l'on n'a pas conservé de souvenirs plus précis sur le sanctuaire et sur les miracles qui s'y

---

(1) DE COIFFIER DEMORET, *Histoire du Bourbonnais*, t. II, p. 290. — BATISSIER, *l'ancien Bourbonnais*, p. 243.

(2) ABBÉ J.-J. MORET. — *Les confréries de Notre-Dame dans le Bourbonnais*. Moulins, 1895. — Renseignements divers fournis par M. l'abbé Desnoix, curé de Couleuvre.

accomplissaient, nous savons du moins que Nevers fit vœu d'y aller en pèlerinage, lors de la peste qui désola nos contrées, au XVI° siècle.

« Le six du mois d'octobre 1627, lisons-nous dans l'histoire manuscrite des évêques de Nevers, de Parmentier, fut faite une procession générale en l'église de Notre-Dame de Lorette où fut aumôné 50 livres, l'évêque (Eustache du Lys) officiant. » Nous verrons plus loin que Sancoins, probablement à la même époque, suivit l'exemple de Nevers. D'autres paroisses les imitèrent certainement.

Les seigneurs de Lévy y avaient fondé une chapelle dans laquelle ils avaient leur sépulture. Le jeudi 17 mars 1689, Roger de Lévy, lieutenant général de Bourbonnais, fut transporté en bateau, de Moulins où il était mort, à cette chapelle pour y être enterré.

Si l'abbaye a disparu, son église n'est plus qu'une ruine, et, sans l'auteur que je viens de citer, nous ignorerions l'existence de la statue miraculeuse de Notre-Dame de Lorette, qui est conservée aujourd'hui dans l'église paroissiale de Château.

•°_o

Il y avait dans l'ancienne paroisse de Cours, rattachée aujourd'hui à celle de Cressanges, canton du Montet, une chapelle rurale de Notre-Dame de Lorette. Mgr de Larochefoucaud la visita le 18 juin 1733. Elle était alors dans un état si peu décent, et tellement dépourvue du mobilier nécessaire, que l'archevêque la frappa d'interdit ce même jour, « jusqu'à ce que l'autel de ladite chapelle soit décoré de tableaux, gradins, crucifix, cadres, chandeliers, nappes, parements », et qu'au-dessus de l'autel soit « mis un dais, et des vitres aux croisées. Jusqu'à ce, interdisons ladite chapelle et défendons au sieur curé et à tous autres d'y célébrer jusqu'à ce qu'autrement il en ait été ordonné : défendons audit sieur curé d'y faire à l'avenir l'office paroissial ledit jour, 8 Septembre. » La

Nativité était la grande fête de cette chapelle. Le curé de Comps y venait célébrer la messe paroissiale et les vêpres ; il s'y faisait « une assemblée considérable où il y a quantité de jeux et de cabarets, où souvent il arrive des accidents ». Cette circonstance, jointe à l'état de la chapelle, n'était pas faite pour arrêter les sévérités du prélat.

Elle était située tout près du hameau appelé les *Gerbolles* ou la *Chapelle*, au milieu d'un champ, à deux kilomètres de Cressanges. Son nom a été défiguré, on ne l'appelle plus que la *Chapelle Lurelle*. Vendue comme bien national en 1793, elle a servi, pendant de longues années, de maison d'habitation, et a perdu toute apparence de monument religieux. Les fenêtres et la porte ont été fermées ; l'entrée maintenant est sur l'un des côtés.

La statue cependant a été conservée. La femme de l'acquéreur de 1793 l'avait transportée dans sa maison pour la préserver des outrages, et empêcher sa destruction. Mais c'est un souvenir pieusement conservé dans la famille que, pendant la nuit qui suivit la translation, la pauvre femme fut agitée de telles inquiétudes et si profondément troublée, que, dès le lendemain, elle reportait la statue à l'endroit d'où elle avait été enlevée, et faisait promettre à ses enfants de ne jamais la déplacer. Elle est donc encore dans la pauvre chapelle devenue un réduit à mettre le bois.

Si l'on en croit les traditions du pays, le culte de Notre-Dame de Lorette aurait été apporté à Comps par des religieuses connues elles-mêmes sous le nom de Dames de Lorette. Leur humble monastère n'existait plus depuis longtemps au moment de la Révolution. Il semble qu'il faille accuser de sa destruction les protestants qui, de 1586 à 1589, vainqueurs des catholiques à la bataille de Cognat, près Gannat, ravagèrent tout le pays, brûlant les églises et les monastères. Ce n'est qu'après cette destruction, et pour conserver le souvenir du couvent, qu'aurait été érigée l'humble chapelle. On doit même penser que ce fut l'œuvre des Dames de Lorette elles-mêmes, car leur communauté conserva la propriété de

Comps et en perçut les revenus jusqu'en 1793, où elles en furent dépossédées (1).

C'est tout ce que nous savons du culte de Notre-Dame de Lorette à Comps. La statue n'est plus honorée ; la chapelle est employée à des usages profanes ; la solennité du 8 septembre ne s'y célèbre plus ; le nom même de la madone est devenu méconnaissable, sous la forme absurde que lui a donnée le peuple.

•°•

D'après la Thaumassière, le monastère de SAINT-MENOUX était une abbaye de filles, dont les principaux bienfaiteurs auraient été les seigneurs de Bourbon, de Charenton ou de Montfaucon. Un travail plus récent (2) en fait une abbaye de bénédictins fondée au IXe siècle. Les lignes suivantes sont tout ce que j'ai pu recueillir sur le sujet qui m'occupe : « La chapelle de Notre-Dame de Lorette servait de chapitre à l'abbaye royale, et se trouvait dans les bâtiments de ladite abbaye, non loin de la sacristie actuelle, sur l'emplacement qui forme maintenant le jardin de la cure. Il nous reste de cette chapelle le beau rétable en bois sculpté qui sert d'autel au Sacré-Cœur, et la Vierge noire, dont les pieds reposent sur une église, à l'autel de la Bonne Mort.

« En 1790, le curé de Bagneux, Jean Fallier, frère du curé de Saint-Menoux, était le titulaire de cette chapelle-vicairie, dont les charges étaient douze messes basses à acquitter tous les ans, soit une messe le premier lundi de chaque mois.

« A cette époque, la chapelle était interdite, et les messes s'acquittaient dans l'église « abbatiale et paroissiale » de Saint-Menoux (3). »

(1) Renseignements fournis par M. l'abbé Reverzy, curé de Cressanges.

(2) *Revue du Centre*, 1886 : *Inventaire général de l'ancien diocèse de Bourges.*

(3) Abbé J.-J. MORET : *Les Confréries de Notre-Dame dans le Bourbonnais.*

Nous avons comme témoins de la dévotion à Notre-Dame de Lorette, à AINAY-LE-CHATEAU, un petit bas-relief encastré dans la muraille, vis-à-vis l'autel de la Sainte Vierge. C'est une pierre de 75 centimètres de hauteur et 53 centimètres de largeur. Par l'attitude de la Vierge, il rappelle la statue de Germigny ; par le style et les détails, il se rapproche davantage du groupe de Notre-Dame de Roussines.

La Vierge, debout sur le toit de la maison, est vêtue, comme la Vierge de Roussines, d'un manteau flottant sur les épaules et formant des plis abondants sur la gauche, d'une robe ouverte en carré sur le haut, avec des manches assez larges serrées aux poignets, d'une chemisette couvrant le cou. La chevelure abondante, est, par derrière, retenue dans un voile, et, en avant, forme deux bandeaux serrés par un ruban où s'épanouit, au milieu, une fibule ornée.

L'Enfant Jésus est nu. Il repose sur le bras gauche de sa Mère. De la droite il s'attache au cou maternel, tandis que la gauche s'appuie sur un globe, qui repose lui-même sur le revers de la main de Marie soutenant son fils.

Sous les pieds de la Vierge et sur le toit de la maison, est une tête d'ange avec les ailes déployées.

La maisonnette, couverte de tuiles à gouttières, serait semblable à celle de Notre-Dame de Roussines, si elle n'était chargée d'un clocheton hexagone, percé de fenêtres à plein cintre sur chacun de ses côtés. Il y a sur la face visible une porte et deux fenêtres à plein cintre, et une porte semblable surmontée d'un œil-de-bœuf dans le pignon droit qui est visible. Deux anges debout la supportent de chaque côté, une main sous la maison, l'autre sur la crête du toit. Ils sont vêtus de longues robes ouvertes sur les côtés et laissant voir les jambes, costumes et attitude des anges de Notre-Dame de Roussines. Un troisième ange placé sous la maison, et vêtu comme les autres, semble faire l'effort de la déposer sur le sol. Les ailes de tous paraissent se replier, la translation miraculeuse étant accomplie. Les cheveux de l'Enfant

Jésus et des anges sont riches et plus longs sur les côtés, e rappellent la coupe du temps de Louis XII.

Deux autres têtes d'anges, ornées de collerettes à tuyaux, se voient dans les angles supérieurs formés par le cintre dans lequel est sculpté ce bas-relief. Elles sont sans rapport avec le bas-relief. Ce pieux monument remonte aux premières années du XVIe siècle. Il est assez probable qu'il n'est en cette place que depuis la révolution, car il ne porte aucune trace de mutilations. D'où a-t-il été apporté? et quel culte était rendu, à Ainay-le-Château, à Notre-Dame de Lorette? nous ne le savons pas. — Il y avait à Ainay-le-Château un couvent de Récollets. Ces religieux, qui étaient venus d'Italie, exerçaient dans l'église paroissiale à peu près tout le ministère spirituel. Nous avons vu qu'à Nevers et à Saint-Pierre-le-Moutier, ils avaient établi dans leurs églises la dévotion à Notre-Dame de Lorette, comme l'avaient fait à Bourges les Cordeliers avec lesquels ils étaient étroitement unis, puisqu'ils obéissaient au même général. Il est donc tout naturel d'attribuer le bas-relief qui nous occupe aux Récollets d'Ainay-le-Château, soit qu'il ait été placé dans l'église par eux ou par quelque bienfaiteur d'après leur inspiration, soit qu'il y ait été transporté de la chapelle de leur couvent.

La CHAPELLE-BALOUE fait actuellement partie du diocèse de Limoges. J'ignore à quelle époque une statue de Notre-Dame de *Laurette* fut découverte sur son territoire. On lui consacra une chapelle dans l'église de cette paroisse, et la statue y fut installée. On voit, appendu aux parois du sanctuaire, un fort beau tableau représentant la *Santa Casa* et la Vierge objet de la vénération des fidèles.

« Chaque année, un grand nombre de pèlerins se réunissaient à la chapelle des Places pour y entendre la sainte Messe, le dimanche qui précédait la fête de Saint-Jean-Baptiste, le 24 juin, et, de là, se rendaient en procession à la Chapelle-Baloue, où était célébrée la fête paroissiale en l'honneur de Notre-Dame de Lorette, et, chose admirable! dit la chronique du temps, un certain nombre de pieuses personnes suivaient la procession les pieds nus et le rosaire à la main. Cette coutume ne survécut pas aux mauvais jours de la Révolution française (1). » Mais la fête est toujours célébrée chaque année à la même date, avec un grand concours de pèlerins. Ici la dévotion est donc encore bien vivante.

Ajoutons que le diocèse de Bourges était entouré de paroisses de diocèses voisins où existait le culte de Notre-Dame de Lorette. Nous le retrouvons à Romorantin où il donne lieu à un fait extrêmement curieux qu'il serait trop long de raconter ici.

A Nevers, où une chapelle importante fondée vers 1520 par un bailly de la ville, Léonard du Pontot, lui était dédiée dans l'ancienne église des Récollets.

A Pouilly, où une autre chapelle fut fondée à la gloire de la Madone de Lorette, probablement en 1564, à la suite d'un miracle obtenu à l'intercession de la Vierge de Château (2).

On croit, et il me revient que les Augustins, qui avaient fondé une maison à Saint-Pierre-le-Moutier, avaient aussi une chapelle de Notre-Dame de Lorette.

o°o

Nous revenons au diocèse actuel de Bourges avec les paroisses qui suivent.

Un souvenir est dû ici à CHALAIS, doyenné de Bélâtre, et à BANNAY, doyenné de Sancerre, qui ont obtenu de Sa Grandeur Mᵍʳ Marchal, en 1883, l'érection de confréries de Notre-Dame de Lorette, sur le modèle de la confrérie de Notre-Dame de Roussines.

Le culte de Notre-Dame de Lorette dans ces paroisses est donc d'hier. S'il indique une tendance, nous ne pouvons que

(1) Abbé ROUZIER : *Histoire des châteaux de Crozant et des Places.*

(2) Ce miracle est longuement rapporté dans le *Journal des illustres religieuses de l'Ordre de sainte Ursule, Bourg-en-Bresse, 1690.*

nous réjouir d'entrevoir la résurrection de la piété du Berry envers la Madone de la *Santa Casa*.

o°o

La paroisse de POULAINES n'a pas de traditions sur Notre-Dame de Lorette. Son culte vient seulement d'y être inauguré. Voici en quelles circonstances :

J'ai eu l'occasion de parler longuement, dans un travail récent, de la Vierge de Poulaines (1). C'est une statue en pierre de la Mère de Jésus. Elle est assise et allaite l'Enfant-Dieu, qui tient dans sa main gauche un oiseau. Rendue méconnaissable par plusieurs couches de badigeon, cette statue, œuvre remarquable des premières années du XVe siècle, comme je l'ai dit, semblait avoir été justement délaissée et remplacée par une statue moderne.

C'était en 1894, date du sixième centenaire de la Translation de la *Santa Casa*. Deux lettres de l'archevêque de Paris à l'Episcopat français avaient réveillé le souvenir du fait miraculeux, sans, du reste, exciter en France un mouvement bien considérable. Je pensai que le Berry continuerait ses traditions de dévotion à Notre-Dame de Lorette en lui dédiant un autel en mémoire de ce sixième centenaire. La Madone à l'oiseau fut descendue du pilier sur lequel on l'apercevait à peine, et débarrassée de ses badigeons. Un ouvrier marbrier italien, devenu citoyen de Poulaines,

(1) L'église de Poulaines n'a rien de remarquable. Le chœur est une construction modeste du onzième siècle. Mais, outre sa Vierge, elle possède des boiseries apportées, au commencement du siècle, de l'abbaye de la Vernusse. Ce sont : 1° des stalles dont les accoudoirs et les miséricordes sont ornés de motifs curieux ; 2° les lambris du sanctuaire où l'on voit une série de huit saints, en bas-relief de 0m75 de hauteur avec, au côté de l'épître, six statuettes d'autres saints (0m 21 de hauteur) placées dans les simulacres de contreforts qui séparent les saints en bas-relief ; 3° 15 panneaux en bas-relief qui représentent les sybilles, vêtues à la mode du temps, et portant les instruments de la Passion et quelques autres attributs. — Voir mon travail : *Les boiseries et la Vierge de Poulaines. Revue du Berry*, mars 1897, avec deux phototypies.

sculpta l'autel d'après un plan venu du ministère des Beaux-Arts pour l'église de la Celle-Bruères, et la statue fut placée au-dessus du tabernacle sur un beau chapiteau roman, reproduction de l'un de ceux qui forment la colonnade du sanctuaire de la Celle-Bruères. A ses pieds, et pour rappeler la *Santa Casa*, est une châsse romane en bronze doré qui renferme, en trois jolis reliquaires, des reliques précieuses, et en particulier des cheveux de la Sainte-Vierge. L'autel a été édifié du produit de souscriptions recueillies à Poulaines.

Une plaque de marbre blanc a été placée sous cet autel, entre les deux colonnes du fond. Elle porte, gravée en lettres d'or, l'inscription suivante :

L'An du Seigneur MDCCCXCV
LE Vme JOUR D'AVRIL
LES FIDÈLES DE LA PAROISSE DE POULAINES
ONT ÉRIGÉ CET AUTEL
A LA GLOIRE DE NOTRE-DAME DE LORETTE
EN MÉMOIRE DU VIme CENTENAIRE
DE LA TRANSLATION MIRACULEUSE DE LA SANTA CASA
DANS LAQUELLE
« LE VERBE S'EST FAIT CHAIR »
Sicut aves volantes sic proteget. Is. LX. v. 8.

La châsse, les chandeliers de l'autel et les petits reliquaires renfermés dans la châsse ont été offerts par de généreuses bienfaitrices de la paroisse. Les reliques sont un don du monastère de Sainte-Croix de Poitiers, dont le trésor date de sainte Radegonde, sa fondatrice.

Sur un beau calice en vermeil, offert par les personnes pieuses de la paroisse, et enrichi de pierres et de diamants, tirés de l'écrin de plusieurs d'entre elles, trois émaux ont été placés comme ornement du pied. Entre saint Saturnin et sainte Madeleine, les patrons de la paroisse, a été reproduite la Vierge de Poulaines.

C'est ainsi que la *Madone à l'oiseau*, comme on se plaisait à l'appeler, est devenue Notre-Dame de Lorette, et continuera de rappeler parmi nous le miracle de la Translation de la *Santa Casa*.

La devise que nous avons empruntée à Isaïe indique que nous avons conservé à cette statue la signification symbolique qu'elle doit à la présence de l'oiseau entre les mains de l'Enfant-Jésus : *Sicut aves volantes sic proteget.* Ch. LX, 8.

⁂

La Paroisse de SANCOINS, qui n'avait ni sanctuaire ni statue de Notre-Dame de Lorette, était rattachée à son culte par le lien plus religieux et plus solennel du vœu. Chaque année, « *depuis près de quatre-vingts ans ou environ, dit un procès verbal de l'assemblée des notables de la ville de Sancoins du 14 mai 1769, les habitants de cette paroisse ont habitué d'aller en procession, croix et bannière levées, sous la conduite de M. le Curé, à l'église de Notre-Dame de Lorette, près Château-sur-Allier, où il se dit une messe solennelle, le dimanche de la Trinité, et cela pour l'accomplissement d'un vœu fait par les anciens paroissiens.* »

En cette année 1769, le titre existait encore dans les archives de la fabrique, malheureusement il a été perdu depuis, et nous ne savons pas exactement quelle fut l'origine de ce vœu. Nous croirions volontiers qu'il remonte à la peste qui, en 1627 et 1628, désola notre contrée. Bourges perdit dans cette épidémie le quart de ses habitants, et fit, comme la ville de Lignières, un vœu à Notre-Dame de Liesse. Sagonne, petite paroisse qui nous touche, vit sa population diminuer de moitié. C'est probablement alors qu'elle se voua à N.-D. de Pitié, encore honorée dans son église. Nevers était grandement éprouvé et fit, son évêque à sa tête, Mgr Eustache du Lys, le 6 octobre 1627, une procession générale à Notre-Dame de Lorette de Château, comme la paroisse de Sancoins.

Ces processions lointaines, faites hors des paroisses, avaient entraîné à la longue d'assez nombreux abus. Mgr Philipeaux d'Herbault, par ordonnance synodale du 9 mai 1765, les supprima en bloc.

La procession de Sancoins s'accomplit cependant encore pendant trois années, jusqu'en 1768. Alors arriva un nouveau curé, M. Jean-François de Saint-Maur, qui promulgua, le dimanche de la Pentecôte 1769, l'ordonnance archiépiscopale. Mais la population entière s'émut et fit entendre ses protestations aux notables et échevins. Le jour même, ces derniers se réunissent, et, ne pouvant mieux faire, décident d'en référer à Mgr l'archevêque et, en attendant sa réponse, de faire le dimanche suivant la procession votive, non à Château, puisque l'obéissance due à l'autorité ecclésiastique s'y opposait, mais au petit sanctuaire de N.-D. de Grâce, situé en dehors des portes de la ville, sur la route de Saint-Amand. La cérémonie s'accomplit ainsi en 1769, le dimanche de la Trinité, et les années suivantes, avec l'approbation des archevêques de Bourges, jusqu'à la Révolution.

Depuis lors on avait perdu le souvenir de ce vœu. Mais ce fut assez de le signaler à la piété de la population fidèle de Sancoins pour qu'aussitôt germât la pensée de renouer les traditions. Le dimanche de la Trinité de l'année 1900, une solennité, avec l'approbation de Mgr l'archevêque, a été organisée en mémoire de ce vœu et un cierge monumental a été déposé devant l'autel de Marie. C'est dans ces conditions que cette solennité sera célébrée tous les ans à l'avenir.

Désormais la Sainte Vierge sera honorée à Sancoins sous le double titre de N.-D. de Grâce, à cause du petit sanctuaire élevé jadis à Marie sous ce nom ; de N.-D. de Lourdes, à laquelle la piété de notre âge a érigé une statue dans l'église ; de N.-D. de Lorette, en souvenir du vœu des pères. La chapelle dédiée à Marie dans l'église renfermera les trois statues qui la représenteront sous ces titres différents. Celle de N.-D. de Lorette, qui a été offerte par la générosité des fidèles, est venue depuis quelques jours prendre sa place à côté des deux autres. Elle est l'œuvre d'un artiste de talent, M. Louis Castex, que nous ont signalé ses nombreux succès aux expositions. Elle a figuré au Salon des Artistes Français de cette année. Elle sera inaugurée solennellement dans une fête qui s'annonce brillante, par S. G. Mgr l'archevêque de Bourges (1).

°_o°

Tels sont, et je conclus, les sanctuaires berruyers dans lesquels j'ai retrouvé le culte de N.-D. de Lorette. J'ai l'intime conviction qu'ils devaient être plus nombreux encore. N.-D. de Lorette, comme N.-D. de Pitié dans le même temps, comme N.-D. de Lourdes aujourd'hui, était populaire. « De toutes les provinces de France, a pu écrire le savant abbé Voisin, le Berry fut peut-être celle où le culte de la Sainte Vierge a brillé du plus vif éclat (2). »

Comment, après tant de sanctuaires et de pèlerinages qu'il énumère, y a-t-il eu encore place pour la dévotion à N.-D. de Lorette? Il en faut chercher la raison dans la foi aux deux grands faits qu'elle a pour but d'honorer: le mystère de l'Incarnation qui a eu pour théâtre la *Santa-Casa*, et la translation miraculeuse. J'ai raconté les traits principaux qui attestent la popularité de N.-D. de Lorette; l'avenir,

---

(1) L'église de Sancoins est un édifice roman de construction récente (1860), à trois nefs, avec transept, deux chapelles absidiales et clocher en pierre. Il y faut remarquer deux tableaux, dons du comte Aguado, auxquels on attribue au premier surtout, une grande valeur. L'un, présumé de Zurbaran, représente saint Hugues, évêque de Grenoble, dans le réfectoire de la Grande-Chartreuse; l'autre, la mort de la sainte Vierge, entourée des apôtres (école espagnole). A titre de souvenir, il faut remarquer le crucifix de fer placé en face de la chaire. Il surmontait jadis, sur la place d'Armes, la colonne de pierre transférée depuis sur la route de Bourges, et devant laquelle « le 14 juillet 1790, les fédérés du district de Sancoins jurèrent de vivre libres ou de mourir ». (Inscription au bas de cette colonne). En 1830, de jeunes étourdis arrachèrent la croix, et, après l'avoir profanée, la jetèrent dans une mare où elle fut accidentellement retrouvée trente ans après. On lui donna alors la place d'honneur qu'elle occupe aujourd'hui.

(2) *Notre-Dame de la mer Rouge et le Château du Bouchet*, par l'abbé F. VOISIN, *curé de Douadic.*

probablement, révèlera de nouvelles traces que d'autres relèveront après moi... Mais le Berry n'a pas été seul à faire sien le culte de N.-D. de Lorette, le même pieux mouvement a dû se produire dans les autres provinces.

Hélas ! ces pages en ont donné la preuve, cette dévotion n'est plus en Berry, et sans doute dans le reste de la France, ce qu'elle fut jadis.

Le vent de philosophie et de jansénisme qui souffla sur la France du dix-huitième siècle fut mortel pour un nombre considérable de sanctuaires. Il devait flétrir tout d'abord une dévotion qui reposait sur un fait miraculeux, dont la critique du temps estimait de sa dignité de ne parler qu'en souriant, quand elle ne le passait pas totalement sous silence. En ce temps de crise religieuse, il ne pouvait être question, bien entendu, d'introduire dans la liturgie des Eglises gallicanes l'office de la Translation, que venait de promulguer Innocent XII ; et les chapelles dédiées à N.-D. de Lorette arrivèrent à l'état de ruine dont témoignent, pour le Berry, les procès-verbaux de Mgr de Larochefoucauld. On habilla d'oripeaux grotesques ces Vierges qui retraçaient à leurs bases le fait miraculeux de la Translation, auquel on ne croyait plus ; les fidèles, qui n'entendaient plus le récit du prodige, ignoraient la signification de telle chapelle ou de telle statue ; on disait innocemment la « Chapelle-Lurette » ou de « Sainte-Lorette », sans se douter peut-être du rapport de ces noms avec la Mère de Dieu. Ainsi perdit de sa popularité, ici et ailleurs, le culte si touchant de N.-D. de Lorette.

Est-ce à dire que, oublié, disparu en tant d'endroits, il ait complètement sombré sur la terre de France ? Ne serait-il mentionné en ce Congrès, qui est par excellence une œuvre de vie, qu'à titre purement rétrospectif et comme un culte mort ?

Il n'en est pas ainsi. Il possède encore d'autres sanctuaires où ont survécu des pèlerinages fréquentés. Paris a placé sous son vocable une de ses églises, et non des moins belles ; le séminaire de Saint-Sulpice, à Issy, a reçu et conserve comme un trésor inappréciable la statue mise à la place de la madone de la *Santa-Casa*, après le pillage de 1798 ; « la fête de Translation de la Sainte-Maison, dit l'abbé Rorhbacher (1), est populaire en France, et bon nombre de nos évêques l'ont fait insérer dans le Propre de leur diocèse. » Les pèlerinages à Lorette n'ont jamais été interrompus, et il est bien peu de Français, faisant le pèlerinage de Rome, qui ne le complètent par une visite à la *Santa Casa.*

Qui ne sait que les litanies de la Sainte Vierge, chantées dans tout le monde catholique, dans nos églises et pèlerinages de France, les seules liturgiques avec les litanies des Saints, et, depuis l'année dernière, celles du Sacré-Cœur, ont été composées en l'honneur de N.-D. de Lorette : *Litaniæ Lauretanæ* (2). La France a des intérêts à Lorette. C'est pour les sauvegarder et remplir les conditions des fondations que, depuis Louis XIII, deux chapelains nommés par le gouvernement français y sont entretenus. L'une des plus belles chapelles de la Basilique a été dédiée à saint Louis, et appartient à la France. La piété et la générosité des catholiques français l'ont restaurée et embellie à l'occasion du sixième centenaire de la Translation (1894).

La dévotion et la libéralité des Papes pour Lorette n'a connu nulle intermittence ; et, de nos jours encore, se révèlent, dans toutes les langues, des historiens de Lorette... Le miracle peut demeurer au milieu de nous comme le thème de discussions qui ne finiront qu'avec le monde ; il n'en est pas moins fondé sur de telles preuves que les plus sérieux esprits, de très grands saints et le grand nombre des âmes chrétiennes s'inclinent devant lui.

Les Papes ne veulent pas, ne peuvent pas faire du miracle

---

(1) ROHRBACHER. *Vie des Saints.* Cité par *les Petits Bollandistes.*

(2) « Ces Litanies de la Vierge s'appellent Litanies de Lorette, parce que c'est dans la Sainte Maison qu'elles furent chantées pour la première fois, d'après la rédaction du cardinal Savelli. Ce sont les seules autorisées par les Souverains Pontifes, et Clément VIII a défendu d'en chanter d'autres. » E. LAFOND. *Lorette et Castelfidardo,* p. 95.

de Lorette un dogme. Dans des actes destinés à l'univers entier, ils ne pourraient le mentionner sans déroger aux règles de prudence qui font partie pour eux du don de Dieu. Mais, quand Léon XIII rappela à plusieurs reprises au monde catholique la dévotion à la Sainte-Famille, quand il institua en son honneur un office nouveau, ignorait-il que toutes les pensées se reporteraient aussitôt à Nazareth et à Lorette, à la demeure sainte où le *Verbe s'est fait chair*, où il vécut, entre Marie et Joseph, les années cachées de son pèlerinage terrestre? Ne rendait-il pas indirectement hommage à ce sanctuaire, objet du culte et de l'amour de tant d'âmes pieuses?

Nous pourrions prendre notre parti de voir s'éclipser devant de nouveaux titres décernés à Marie, et devant de nouvelles conquêtes faites par son nom béni, des vocables chers à nos pères. Importe-t-il beaucoup que la Mère de Dieu et la nôtre, plus grande que tous les honneurs que pourra lui décerner la terre, soit honorée sous tel nom plutôt que sous tel autre? Marie est une mère bien aimée de laquelle on ne dira jamais assez: *De Maria nunquam satis*, et il semble que l'âme chrétienne ne sera satisfaite que quand elle aura épuisé en son honneur son vocabulaire de piété et d'amour... Malgré cela, nous pensons que le culte de N.-D. de Lorette demeurera vivant dans l'Église et en France, parce qu'il proclame le plus grand des mystères, parce qu'il dit les plus grandes vertus qu'ait vues la terre...

C'est pour cela, Messieurs, que vous avez agréé que le nom de N. D. de Lorette fût prononcé dans ce Congrès, et que, à défaut d'un rapport sur son culte dans la France entière, vous avez bien voulu vous contenter de cette humble étude sur son culte dans la province du Berry.

Je le dépose aux pieds de la Vierge bénie que l'amour du grand Léon XIII, la piété de l'Eminentissime cardinal de Lyon et la reconnaissance des enfants de Fourvière couronneront demain... Je la prie de graver dans tous les cœurs français la foi aux premiers mystères de la rédemption, l'amour des vertus du Christ et de sa mère, et la piété envers le sanctuaire unique, témoin de ces mystères et de ces vertus: « Lorette, le *nouveau Nazareth qui remplit l'univers catholique de la gloire de son nom* », selon la parole du Pape de l'Immaculée Conception, de l'immortel Pie IX.

DESACIDIFIE
à SABLE : 1934

www.ingramcontent.com/pod-product-compliance
Lightning Source LLC
Chambersburg PA
CBHW061631060726
47597CB00005B/1893